ADRESSE

DE

SEMPRONIUS-GRACCHUS VILATE,

DU DÉPARTEMENT DE LA CREUSE,

A LA CONVENTION NATIONALE,

AU NOM

DE TOUS LES SANS-CULOTTES

MÉRIDIONAUX;

*Imprimée et publiée par ordre du Comité de Salut
public de la Convention nationale.*

LÉGISLATEURS,

TANDIS que l'ennemi est à nos portes,
que la patrie en danger nous appelle à son
secours, et qu'au lieu de la sauver, nous la
déchirons de nos propres mains par des demi-
mesures et de vains palliatifs ; tandis que des

A

légions de tigres cernent nos frontières ; que plusieurs de nos généraux peuvent se laisser éblouir par les trésors corrupteurs des cours étrangères, et que tout se dispose, dans le conseil des tyrans, à renouveler en France les fers dégradans du despotisme, il doit être permis à des républicains d'élever la voix, de la faire entendre jusque dans le temple des loix ; de concourir à conjurer l'orage grossissant de jour en jour au-dessus des ennemis de toute espèce d'oppression.

Il n'est aucun républicain qui, en comparant ce que vous fûtes au début de votre carrière, et ce que vous êtes aujourd'hui, ne jette des regards vengeurs sur le mobile infernal qui, sans l'héroïsme parisien, vous conduisoit de l'immortalité aux portes de l'abyme. Rappelez-vous cette séance mémorable du 21 septembre, où les vrais patriotes firent trembler les coryphées de la faction oppressive de la liberté, en élevant la république sur les ruines encore fumantes du despotisme.

Alors, dans l'enthousiasme pur et sublime

de nos ames, si un cri nous eût averti que, pour affermir la base fondamentale du gouvernement républicain, il falloit nous immoler tous sur son autel, nous eussions fait à l'instant le sacrifice de nos vies, avec une sorte de ravissement religieux.

Cette disposition étoit celle de tous les Français dignes de la liberté ; la tyrannie en a pâli : ç'en étoit fait d'elle dans tout l'univers, si elle n'eût été secondée par les traîtres de l'intérieur. Les despotes, ces antropophages de l'espèce humaine, appercevant la foudre prête à les écraser, ont ourdi de concert une trame profondément scélérate. Secouer au milieu de nous les torches de la discorde ; allumer le feu de la guerre civile dans les départemens ; en négocier une autre non moins dangereuse de corruption, auprès des Jérôme, des J. P. et de leurs accolites, des généraux et des écrivains mercenaires ; tel a été le résultat de leurs calculs pervers.

A peine la république proclamée, le machiavélisme s'empara de toutes les avenues de votre sanctuaire : lorsqu'on agita la cause du plus criminel des criminels, de Louis le dernier, la véhémence du parti capétien obscurcit notre horizon politique, et trois mois de temps le plus précieux furent consacrés à une lutte scandaleuse de l'artifice et de la perfidie, contre les principes de l'éternelle justice. Enfin, malgré les efforts des conspirateurs conventionnels, malgré leurs discours fallacieux, chèrement payés par l'or des puissances européennes, la montagne, l'inébranlable rocher, le peuple remporte une victoire éclatante contre les infidèles mandataires ; la tête du tyran tombe au pied de la statue des loix.

A cette époque il sembloit que toutes les volontés dussent se réunir pour fonder, sur des bases solides, le nouveau pacte social : les espérances des patriotes éloignés du grand théâtre politique, ne tardèrent pas à s'évanouir ; ils s'apperçurent bientôt que les passions odieuses des *hommes d'etat*, allumées au feu de la haine et de la vengeance, devoient enfanter de grands maux, produire d'affreux désastres.

(5)

Sans le peuple de Paris, peuple si bon
et si généreux, mais en même temps si juste
et si éclairé, sans cesse attaché aux pas de
ses divers ennemis, de quelques masques
dont ils se couvrent ; sans ses vertueux ma-
gistrats, le département, la commune de
Paris, en butte aux sarcasmes virulens de
toute espèce d'aristocratie ; sans les courageux
députés de la montagne de la République,
un monstrueux colosse insulteroit à l'image
de la liberté ; un nouveau César, entouré de
sa cour, auroit l'audace de nous dicter des
loix, de nous prescrire ses volontés suprêmes.

Montagne tutélaire et vraiment sainte,
braves Parisiens, peuple né pour la liberté
et l'égalité, que n'es-tu tout entier au milieu
de tes frères les sans-culottes du midi de la
France ! Avec quelle douce sensibilité tu
fixerois tes regards attendris sur cette chaîne
de fraternité, formée par les bras entrelassés
d'un prodigieux concours de sincères amis
de l'égalité et de la liberté, de la république
une et indivisible !

Cité célèbre, pierre d'achoppement de la

ligue conspiratrice, en résistant à l'oppression des inquisiteurs, en t'insurgeant contre les anti-révolutionnaires, tu as rempli le plus saint des devoirs ! Si tu n'avois déployé cette vigueur, cette énergie, commandées par des circonstances alarmantes, tu cessois de rester digne de toi-même ; tu cessois d'être le but de l'allégresse publique et des bénédictions du genre-humain.

Dignes habitans de la montagne, continuez de vous occuper sans relâche du bonheur des sans-culottes de la république.

Mettez de l'ordre dans nos finances épuisées par la liste civile de cette horde de lâches assassins du peuple, qui ont eu l'impudeur de trahir aussi honteusement l'auguste dépôt qu'il lui avoit confié ; et d'abord décrétez le projet aussi ingénieux que juste et sage, l'emprunt de deux milliards sur les riches égoïstes, la non-imposition d'impôt sur l'absolu nécessaire.

L'instruction publique, dont la suspension depuis trois ans, est un véritable crime de lèze-humanité, doit aussi captiver sur-le-

champ votre sollicitude. Établissez d'abord,
mettez en activité les écoles primaires; et,
s'il faut ensuite de longues discussions pour
le système en grand de l'organisation hiérar-
chique, laissons au temps à remplir cette tâche.

C'est de la classe laborieuse et pauvres
qu'il faut s'eocuper avant tout. Élevez les
âmes au sentiment du bonheur dela vertu,
par une disposition sage des vastes moyens
dont vous êtes dépositaires : décrétez cette
loi si long-temps attendue par tout ce qu'il
y a en France d'hommes sincèrement atta-
chés à la révolution ; que , sur tous les
points de la république , le pain ne soit
pas acheté plus de trois sols la livre.

Décrétez d'accusation les amis détenus ou
fugitifs de Dumouriez , ces alliés de Pitt
et des puissances étrangères , aux efforts
desquels il n'a pas tenu que nos plus belles
contrées ne fussent ravagées ; que le sein
des défenseurs des droits des peuples ne fût
percé, comme celui de l'immortel Lepelletier,
par le fer assassin des imitateurs forcenés de
Pàris : les preuves de leurs forfaits sont

écrites dans le cœur de vingt-cinq millions de sans-culottes , elles sont scellées d'une partie de leur sang ; qu'attendez-vous ?

Décrétez cette peine qui fasse trembler tous les conspirateurs quels qu'ils soient, la peine de mort contre les administrateurs de départemens, fabricateurs ou signataires d'arrêtés tendant à violer les droits imprescriptibles de l'homme , à porter atteinte à la souveraineté du peuple , à sapper les fondemens de l'autorité suprême , de l'auguste convention nationale.

Décrétez que les cent mille sans-culottes de la ville centrale ne forment qu'une seule armée, jusqu'à ce que le feu de la guerre civile soit éteint dans les départemens , jusqu'à ce que les auteurs de cet incendie dévastateur aient porté leurs têtes sur l'échaffaud.

Décrétez enfin toutes les mesures vigoureuses présentées par la commune de Paris : tous les républicains applaudiront à l'efficacité des remèdes portés à nos maux.

Législateurs , à mesure que le péril presse,

en développant un grand caractère, digne des circonstances, digne de vous-mêmes, digne du souverain, vous pouvez, dans un court intervalle, terrasser nos ennemis nombreux, ressusciter la confiance publique, tarir les sources de l'agiotage, en frappant les monopoleurs, ranimer toutes les ames, faire jouer les ressorts du gouvernement populaire, en faisant disparoître de la surface du globe les fauteurs démasqués des deux avortons de Cromwel, et vous couvrir de gloire, en méritant le titre de sauveurs de la république.

Montagne conventionale, par cette conduite imposante, l'audace des conspirateurs est réprimée, parce que, devenue le point de ralliement de tous les bons citoyens, l'empire de l'opinion terrassera les sectaires impies et sacrilèges, comme le calme des élémens, après l'orage, fait rentrer dans leurs antres les reptiles vénimeux.

Qu'alors nous éprouvions des malheurs aux frontières ; que, par des accidens ou des trahisons, une partie de notre territoire soit envahie, nos guerriers, ne doutant plus qu'ils ont une patrie, et que le régime de la liberté et de l'égalité est un puits sans fonds de bonheur, s'enflammeront de courage et d'héroïsme, pour anéantir les brigands qui viendroient leur arracher cet avantage; et s'il étoit possible que, par une suite de revers, l'ennemi fit de rapides progrès, le courage que nous aurions de mourir en combattant, les noms révérés que nous laisserions par cette grandeur d'ame, et la vengeance terrible qu'elle inspireroit à tous nos frères, auroient bien-tôt assis lès colonnes de l'édifice républicain sur des fondemens inexpugnables.

Vivent les Jacobins, Paris, la montagne, les départemens identifiés à cette trinité sainte, la république une et indivisible! tel est le vœu unanime des sans-culottes du midi de la France.

De l'Imprimerie Patriotique et Républicaine, rue Saint-Honoré, N°. 355, vis-à-vis l'Assomption.

34

www.ingramcontent.com/pod-product-compliance
Lightning Source LLC
Chambersburg PA
CBHW051451060726
47596CB00006B/2717